L'ÉCOLE MÉDITATIVE

SURNUMÉRARIAT

DES DÉPUTÉS

PARIS. — IMPRIMERIE DE A. DUTEMPLE, RUE DES CANETTES, 7.

L'ÉCOLE

MÉDITATIVE

SURNUMÉRARIAT

DES DÉPUTÉS

PAR

FÉLICIE HOURY

Prix : 40 centimes

PARIS

Mlle FÉLICIE HOURY, AUTEUR

RUE BLANCHE, 7

1874

L'ÉCOLE MÉDITATIVE

SURNUMÉRARIAT DES DÉPUTÉS

Je tremble... j'hésite en abordant ce grave sujet : la *politique*. Oh! je suis audacieuse! n'est-ce pas au-dessus de l'intelligence d'une femme! et j'ai si peu médité l'Histoire! c'est que..... depuis quelques jours une idée qui me semble utile à la nation me domine; je le sens, elle me poursuivra sans cesse jusqu'à ce que je l'aie développée sur le papier. Si de ces pages sortait une petite lueur protectrice pour la France, je tressaillerais de bonheur! Je rumine mon projet, je le médite dans les rues, chez moi, à toute heure du jour, et aussi avant de m'endormir. Parfois je me fais des objections auxquelles je réponds mentalement. Peut-être devrais-je donner un plus ample développement à mon idée? si elle est prise en considération, je suis disposée à répondre verbalement aux questions que l'on voudra bien m'adresser.

Oh! j'aime la nation française; elle est grande même dans ses malheurs! et nous devons des remercîments aux gouvernements, forts ou faibles, qui l'ont aidée, pendant et depuis la guerre, à les traverser. Je fais l'éloge de ceux qui gouvernent et aussi du peuple français; mais rien ne doit rester stationnaire; les gouvernements et la nation, tous deux doivent toujours grandir. Je voudrais que la nation française surpassât en grandeur tous les autres peuples!

Ce qui est regrettable, c'est qu'il n'y ait pas *unité de cœur* dans l'Assemblée nationale; avant qu'un représentant du peuple soit entré en fonction, on l'appelle *radical* ou *conservateur;* chaque parti se traite en ennemi; la scission existe avant même que les électeurs aient fait un choix. Quel triste exemple pour la nation si l'Assemblée n'est pas une *pluralité-une* qui soutienne les intérêts de tous! Que les opinions soient diverses, cela doit être : le contraire est impossible; alors, avec gravité et respect pour ses adversaires, avec eux on discute; à côté d'une opinion opposée, sur un autre sujet, ces mêmes esprits peuvent être d'accord; ce devrait être un échange de sereines lumières entre tous ces frères unis. Ne peut-on pas se tromper en donnant le nom de *conservateur* à un député qui siége à droite? qu'il devienne pauvre... malheureux, il deviendra peut-être plus rouge ponceau que bien des hommes qui sont à gauche; et qui sait? il enverrait peut-être un député socialiste à l'Assemblée nationale! Toutes ces lignes de démarcation sont regrettables comme fait et comme exemple; l'hostilité alors peut se reproduire entre citoyens dans la rue; tous, quelles que soient leurs opinions, devraient s'harmoniser de cœur pour le bien du pays, et surtout ne jamais croire qu'il existe *dans le cœur* même de la France des ennemis pires que les Prussiens.

A la tête du gouvernement, et dans l'Assemblée nationale, il y a beaucoup d'hommes savants, des penseurs, des intelligences hors ligne; mais plus un homme est intelligent et profond en politique, plus aussi il comprend la nécessité de l'être plus encore, pour résoudre les questions de politique intérieure et extérieure; questions très-graves d'où dépendent la grandeur et la destinée de la nation. Oh! il voudrait que la France, aux regards étonnés de tous les peuples, devînt une lumière qu'ils admirent et voudraient suivre toujours !

Ce que je vais écrire donc ne pourra nullement blesser le Corps législatif.

Dans la plupart des administrations, avant d'obtenir une nomination, ardemment désirée, à un emploi supérieur, il y a des surnumérariats souvent très-longs, et nul ne se plaint d'une exigence aussi juste. Le jeune homme qui veut être médecin fait des études spéciales qui durent, je le crois, quatre ou cinq ans; celui qui aspire à devenir le défenseur de l'humanité, étudie le droit, travaille aussi pendant plusieurs années. Eh quoi! quand il s'agit de confier la France, son administration... toute une nation à des représentants du peuple, on n'exige pas d'eux des études spéciales? et pourtant ils ont à s'occuper des intérêts de toute une nation; les députés discutent avec le gouvernement des questions de politique intérieure, souvent très-compliquées, parce qu'elles concernent beaucoup d'intérêts opposés entre eux; il s'agit aussi de proposer des lois ou divers amendements, etc.; ne serait-il pas utile de se préparer plusieurs années d'avance, par des études profondes, à cette haute mission de représenter la France et de la gouverner? Oh! messieurs les députés, ne vous effrayez pas, on ne vous donnera ni chefs ni professeurs; (c'est d'un surnumérariat payé que je parle), vous êtes instruits et intelligents, mais tous vous désirez devenir penseurs... des hommes politiques profonds, les sauveurs de la France! rétablir en elle l'unité de cœur, la philanthropie; vous serez tous *un* dans votre héroïsme et votre amour pour la patrie; vous voulez mettre un terme aux révolutions et faire des lois sublimes, immuables, qui traversent les siècles et qui excitent l'enthousiasme du peuple. Oh! il donnera son sang, sa vie pour les soutenir!

C'est donc à une *école méditative* que vous serez appelés. Dès que, par le suffrage universel, vous seriez élus; avant de siéger à l'Assemblée et d'être députés *en activité*, vous passeriez *trois ans* à l'*école méditative* (sans professeur), dans l'étude et la méditation quotidienne.

Un vaste local spécial serait destiné aux représentants de la nation; chacun aurait un cabinet d'étude bien aéré, ayant vue sur des jardins, dans lesquels, pendant une heure, tous pourraient se promener au milieu du jour. Deux fois par semaine, une musique militaire ferait entendre des airs nationaux ou belliqueux qui ranimeraient encore l'amour de la patrie.

Dans ce vaste jardin, il y aurait des groupes de marbre : l'un représenterait la Foi, l'Espérance et la Charité; le Christ sur la montagne enseignant ses disciples; une statue de la Vierge; plus loin, on verrait la Méditation, qui renverse la Discorde et protége la France. Vis-à-vis, voyez.... une femme d'une hauteur colossale! elle représente l'Église catholique répandant l'esprit du christianisme sur la France; des rayons sortiraient de ses mains étendues et de son âme de feu; et près d'elle... qu'est-ce donc qui s'agite? le Libre arbitre de la nation; sans armes, il résiste à l'Equivoque aux multiples visages ; il la terrasse, cette reine occulte ; et plus loin encore, dans le même groupe, la Comédie humaine fuit et *meurt d'inanition*. Oh! regardez là... sous l'arbre de la Liberté un groupe superbe! c'est la Presse-Lumière des nations; elle s'appuie sur la Méditation, qui tout à coup la transfigure !

Un programme d'études serait tracé par l'un des ministres actuels ou par notre loyal président, le maréchal Mac-Mahon. Je ne puis énumérer que quelques-unes des études qui me semblent essentielles :

L'histoire des différents peuples et celle des rois. Voilà un sujet quotidien de méditation ! réfléchir *sur les causes* qui amènent les révolutions; étudier l'esprit des nations et les caractères des souverains, et considérer l'influence du christianisme sur la civilisation des peuples : chaque représentant écrirait ses réflexions telles qu'elles vivent en son âme, en toute liberté.

Il y aurait des heures consacrées à la lecture des journaux : heureux ceux qui connaîtraient les langues modernes, pour parcourir les feuilles périodiques des pays étrangers. Tous étudieraient aussi l'histoire contemporaine, la vie de chaque nation, les constitutions des divers gouvernements ; ils établiraient des parallèles avec les nôtres, en tenant compte du caractère national des différents peuples.

Les ambassadeurs seraient tenus d'envoyer à l'école méditative plusieurs travaux sur les contrées qu'ils habitent ; des députés s'occuperaient spécialement de l'étude des cartes de nos départements et de celles d'autres pays, en cas de guerre.

Nos grands penseurs nationaux auraient plusieurs heures consacrées à des études (utiles à la nation), pour lesquelles ils auraient une aptitude particulière : la stratégie serait méditée plus particulièremant par les généraux; d'autres prendraient des notes sur des ouvrages d'agriculture et discuteraient ces questions, pendant les vacances, avec des agriculteurs non-théoriciens. L'économie politique, les finances, voilà des sujets d'études. Il serait urgent d'étudier les divers modes d'impôts de tous les pays, puiser des renseignements dans l'histoire ancienne et contemporaine, et méditer en silence pour découvrir des innovations sur les modes d'impôts qui froisseraient le moins la nation.

De neuf à dix heures (ceci est important), *chacun serait obligé* de consacrer cette heure matinale à *l'étude de soi-même*, d'observer au dedans de lui les passions qu'il a à diriger, les défauts à vaincre, les vertus à acquérir, particulièrement celles qui forment un bon citoyen. Il faut les méditer tour à tour. Le caractère d'un représentant doit être ferme et indépendant; il doit courber au dedans de lui tout ce qui gêne son libre arbitre. La France doit être représentée par l'élite des citoyens; que ceux qui sont grands dans l'âme le deviennent plus encore! Tous, quelle que soit leur religion (que nul n'a le droit de leur imposer), doivent se connaître eux-mêmes! Si l'homme ne connaît pas ses passions ni son cœur, qui est une partie de lui-même, comment pourra-t-il lire dans l'âme de la nation, saisir ses souffrances, ses aspirations, compatir à ses faiblesses? comprendra-t-il ses ambitions, ses passions fortes ou faibles, s'il oublie volontairement d'étudier les siennes et s'il les secoue loin de sa pensée pour ne les vaincre jamais? comment faire grandir en soi-même le patriotisme, le dévouement, si l'on ne se met pas souvent aux prises avec l'égoïsme inné ; je ne dis pas qu'il faut remporter immédiatement des victoires *décisives*, mais on doit *étudier* son caractère, si ce n'est pas pour soi, il faut le faire pour la nation, afin de devenir des hommes politiques *observateurs* et *indépendants*. Ah ! un athée qui chaque jour lirait attentivement en lui-même, serait forcé bientôt de croire en Dieu ! sans un auxiliaire Divin, comment diriger ses passions, leur donner un mouvement ascendant et adoucir un cœur où bouillonne peut-être la haine ?

Ainsi le devoir qu'on ne peut omettre à l'école méditative c'est la *méditation ;* nul ne peut l'éviter, *pas de dispense*. Je vais donner les textes de diverses méditations qui doivent être repris souvent, avant d'opérer un sérieux résultat sur le cœur et la volonté ; c'est en s'arrêtant longtemps sur les mêmes *idées*, en les développant qu'elles entrent profondément dans l'âme ; c'est ainsi que les caractères se fortifient et s'accentuent ; alors le libre arbitre a de la puissance ; l'homme prend pour base de ses actes des *idées* et non des *impressions* ou *l'égoïsme-roi*.

Bien qu'un représentant ne soit pas ambitieux, il doit, comme préservatif, *méditer sur les suites de l'ambition*, sur les défauts qu'elle engendre, les vertus qu'elle *tue ;* l'ambition peut affaiblir un caractère, rendre un homme flatteur ou mercenaire ; alors ses opinions politiques sont vacillantes, ou se transforment.

Tous les travaux des représentants seront signés et remis entre les mains du ministre de l'intérieur. Ce serait loyal de laisser passer sous les yeux du ministre la méditation écrite qu'on a faite sur *soi-même ;* qui de nous voudrait paraître meilleur qu'il n'est réellement ? c'est difficile de méditer sur une passion dont on désire se délivrer sans que la page révèle aux lecteurs que c'est en notre âme qu'elle habite. — Il faut nécessairement que les travaux soient examinés par une commission nommée à cet effet, pour que le gouvernement ait la certitude que nul n'a perdu le temps qui lui est accordé pour les études préparatoires à cette mission sublime... gouverner la nation !

Voici le texte des méditations dominantes :

1. Je l'ai dit, l'Histoire.

2. Réfléchir au moyen de procurer à la classe pauvre des logements plus sains et aérés.

3. L'*étude de soi-même*, elle comporte une série de méditations qui doivent revenir souvent : l'ambition, l'orgueil, le mensonge, la haine ; de l'empire de l'âme sur les sens, et réfléchir sur les suites de ces défauts et de ces diverses passions, si elles vivaient, non-combattues en *soi-même* et dans l'humanité ; chacun doit être athlète dans sa vie intérieure.

4. *Sur l'enseignement.* Le rendre le moins *méthodique* possible ; inspirer aux enfants une haine violente pour l'injustice, le mal et un amour immense pour la vertu et tout ce qui est grand et beau... mettre en eux la croyance en la présence de Dieu. Observer s'il y a dans ces jeunes âmes des idées justes pour bases de leurs actions ; s'il n'y a que des impressions, des désirs égoïstes pour mobiles, s'alarmer. Le professeur doit être inquiet, n'avoir nul repos s'il n'a vu poindre en elles la naissance des *idées vraies ;* ce sont elles qui préservent le cœur de l'effémination et le disposent à l'héroïsme. Que de forces dans une *idée !* Ah ! tirez-la du christianisme, il brise les haines, tue le mensonge, agrandit les nations.

5. Ah! tous les huit jours tous méditeront sur *l'amour qu'ils doivent avoir pour la nation!* On ne saurait croire combien s'augmente la force d'un sentiment quand on le raisonne et le médite devant Dieu! le cœur et la raison se dilatent; et l'on ne saurait trop méditer sur la philanthropie, car elle doit entraîner en temps de paix et pendant la guerre à une série de sacrifices. Quand on aime la nation, on lui consacre ses veilles, son repos, son travail, sa vie entière, et l'on est disposé à mourir sur le champ de bataille si la patrie est en danger.

6. Quelle méditation utile : s'exercer *à haïr avec violence le mal* partout où il apparaît, en soi ou dans les autres; diriger toute sa haine contre l'iniquité et *jamais contre les âmes.*

7. Méditer *sur le mépris des richesses;* se souvenir que l'exagération du luxe et la corruption des mœurs amènent la décadence d'une nation.

8. Voici une méditation urgente : *sur la liberté d'association;* elle doit exister, mais avec cette clause : *plus de lois occultes;* la nation tout entière, le gouvernement doivent les connaître : si elles sont bonnes et justes, pourquoi les cacher? si elles stipulent l'injustice, il ne faut pas les tolérer. Nulle loi occulte ne doit même protéger les coupables; elle se dresserait alors en adversaire des lois civiles; les parents, les amis se protégent entre eux. Heureux et grand est le peuple qui n'obéit qu'aux lois promulguées, c'est-à-dire à la loi de Dieu et à celles qui sont reconnues par la nation.

9. Sur le moyen de protéger ceux que l'on peut taxer injustement de folie : création d'avocats-médecins, dé-

fenseurs des aliénés ; tribunal compétent ; cours d'études qui forment à la fois le légiste et le médecin. Le jury serait composé, j'ose inventer un mot, de *médico-légistes;* l'homme qu'on oserait décapiter moralement comparaîtrait *toujours* pour se défendre et choisirait un défenseur.

10. Moyen de conserver le libre arbitre.

11. Abolition du pseudonyme partout et toujours ; chaque citoyen est responsable de ses écrits et de ses actes.

12. *Sur les moyens à prendre pour résister à l'équivoque;* anéantir pacifiquement peu à peu son pouvoir occulte par le réveil du libre arbitre : l'absence d'orgueil et la puissance de la volonté ; ne pas isoler cette résistance du respect dû aux ministres du Seigneur, et prendre pour base de cette résistance une *idée juste* et non l'iniquité. L'équivoque, c'est l'opposé du vrai ; qui donc saura détruire la comédie humaine ?

On le pourrait en fortifiant le libre arbitre ; c'est lui qui rend une nation puissante et la dispose aux nobles et grandes actions. Que la France résiste donc à l'équivoque : cela demande de l'héroïsme ; mais qu'elle ne sépare pas cette résistance du respect dû aux lois de Dieu et de l'Église catholique. Ah ! si tous *volontairement* mettaient ces lois dans leurs cœurs, en faisaient le mobile de leurs actes, ils fortifieraient au contraire leur libre arbitre, au lieu de l'abattre. Quant au mot à double face (l'équivoque), qu'il ne devienne jamais l'inspirateur de leurs paroles ou de leurs actions ; qu'ils refusent tout rôle dans ce que j'appelle la comédie humaine. J'écris cela ; je lutte *toujours* contre la domination occulte, et je ne puis pas triompher ; les ennemis de deux camps sont puissants contre moi ; je suis seule avec Dieu.

La résistance *individuelle* est difficile : on a des intérêts de famille à ménager; quelques-uns tremblent,
non pas pour eux, mais pour d'autres; ou bien les frois-
sements d'amour-propre les effrayent; que faire? Le
peuple, hélas! confond la domination occulte avec la
religion, et il s'exaspère sans discernement contre les
saints prêtres ou contre Dieu : comme c'est regrettable!
Mais... la religion contredit, elle-même, l'équivoque, ce
mot à deux faces est antiphilanthropique; résistez... résistez; l'équivoque n'est ni une loi civile ni une loi religieuse.

Plus de lois occultes, c'est là le grand cri qui devrait
retentir dans tous les cœurs! s'élancer du cœur des gouvernements à celui du peuple et du peuple au gouvernement! Les représentants devraient proclamer une croisade
pacifique contre les lois occultes... contre l'équivoque;
(les francs-maçons *aussi* seront peu satisfaits) c'est la nation elle-même qui peu à peu s'en affranchira; oh! les
représentants l'aideront dans cette œuvre gigantesque qui
agrandira la nation, puisqu'elle prendra la justice pour
base de sa résistance et non l'iniquité. Comment s'y prendre? Par *la résistance collective*. Un commerçant, un
libraire, un imprimeur... ne peuvent pas isolément s'op-
poser à l'Équivoque, leur commerce en souffrirait, ils
seraient presque ruinés ou mal dans leurs affaires; mais
il n'y a pas d'antagonisme dans la librairie, c'est une *pluralité-une*. La librairie non religieuse a un libre arbitre
aussi enserré que la librairie du faubourg Saint-Germain.
Eh bien, que tous s'accordent pour remporter la victoire; c'est une armée pacifique, mais pleine de puissance.
L'imprimerie, voilà encore une *force collective!* et tous
ces athlètes blessés ou militants qui souffrent dans
l'Église seraient avec vous. Les représentants du peuple,

oh ! qu'ils soient indépendants de toute influence occulte ! qu'ils soient *un* dans leur résistance ; leur mission
serait sublime... délivrer la nation ! Vous auriez les diverses catégories des commerçants ; celle des domestiques ;
oh ! si l'on pouvait les enrôler dans la croisade contre
l'Équivoque ! et bientôt se fortifierait le libre arbitre
dans toutes les individualités ; elles se joindraient à cès
puissantes agglomérations, et toutes ces luttes morales
non sanglantes seraient suivies de triomphe, sans causer
de commotions dans le pays.

Si le gouvernement travaille pour la nation, la nation
doit unir avec force et sérénité son travail au sien ; cela
demande le brisement de bien des passions, l'absence
d'effroi, le réveil de l'héroïsme. Ç'est donc *par la nation*
et en aidant la nation que l'on peut opérer cette transformation. Que les gouvernements en facilitent le moyen ;
et l'Église catholique elle-même souffre... parce que
l'Équivoque depuis longtemps régit la partie non-surhumaine de son organisation ; elle serait heureuse aussi de
sa délivrance ; l'Équivoque, c'est une flamme qui mord
sans éclairer, elle est l'opposé de la Vérité divine, qui est
une. Ah ! plus on aime avec véhémence l'Église catholique, à cause de son *unité de croyance*, plus on souffre
de ce qui gêne en elle l'irradiation de la Vérité partout
et toujours ! c'est mon zèle d'apôtre et aussi mon amour
pour la nation qui dirigent ma plume.

Je n'aime pas les lois occultes ; je préférerais presque la
transformation de notre république en une théocratie un
peu despotique dont le général des jésuites serait le roi,
que son gouvernement mystérieux qui domine tout l'univers ; et c'est que... le pape n'est pas responsable de ses
actes ; et voyez, tous les peuples courbent la tête devant

cette tyrannie mystérieuse qui régit tout l'univers ! et, hélas ! ils osent se révolter contre le gouvernement spirituel de l'Église ; ils attaquent parfois la religion ! elle qui fortifierait leur liberté morale, s'ils écoutaient sa voix puissante.

Ah ! sans cette domination occulte qui exaspère le peuple, et sous laquelle il plie, comme tous, riches et pauvres, s'empresseraient de mettre dans leur cœur l'admirable loi de Jésus-Christ ; ils saisiraient la vie cachée dans les sacrements de l'Église ; ils suivraient cette voix divine qui leur dit : Venez à moi, vous tous qui êtes affligés, et je vous soulagerai ; ils aimeraient à entendre la voix des apôtres, ils seraient tous *un* dans la Vérité *une* et adorable. Ils voudraient que l'on parlât de Dieu à leurs enfants dans les écoles, et qu'on leur enseignât comment on brise la haine quand elle s'agite dans le cœur... ils diraient tous : Oh ! apprenez leur à détester le mal, à aimer la vertu ; nous voulons que la nation s'agrandisse ! Non, ni les lois civiles, ni les lois religieuses, ni l'Église catholique avec son unité de croyance, l'immuabilité de ses dogmes, n'irriteraient le peuple ; les lois occultes *seules*, l'équivoque, l'excitent à l'insurrection et peuvent le rendre irréligieux. Hélas ! la nation n'est pas expansive, voilà pourquoi elle s'irrite et prend les armes.

13. *Sur les moyens d'empêcher l'envahissement du matérialisme*, en accordant, par exemple, des prix ou une récompense à l'auteur des pièces de théâtre qui seraient les plus morales. Si le théâtre est régénéré, la nation se moralisera aussi. Ah ! que le public ne sorte pas du spectacle sans éprouver la haine du vice et un enthousiasme immense pour la vertu, l'héroïsme, les grandes actions ! Ah ! le théâtre-apôtre, que ce serait beau ! (Lui

***

aussi, plus tard, aura son école méditative!) Comme alors il saura représenter les passions, leurs combats intérieurs! la lutte entre le bien et le mal est dramatique.

14. Le représentant musicien, qui, lui aussi, serait dans la série des beaux-arts, peut méditer *sur le moyen de développer le génie musical*. Le mécanisme envahit tout : ne pourrait-on pas exercer l'intelligence musicale de l'élève à composer (avant de lui apprendre l'harmonie), au lieu de forcer ses muscles à acquérir de la souplesse par des exercices qui durent plusieurs heures, développer au contraire *le libre arbitre* de l'imagination musicale qui s'endort pendant les exercices? Je l'ai observé, la plupart des cantatrices actuelles n'ont pas *de libre arbitre* dans la voix, elle perd son élan naturel par ce qu'on appelle la *méthode;* c'est désolant! cela tient au mode d'enseignement. Les gammes et les exercices pour le pianiste aussi *tuent* l'inspiration naissante, et l'expression *dictée* détruit l'indépendance de la vie musicale. Un prix serait accordé au meilleur ouvrage sur ce sujet.

15. Les représentants du peuple à l'école méditative doivent nécessairement se préoccuper des questions de monarchie, d'empire et de république; méditer sur la forme du gouvernement qui convient le mieux à la France; mais la diversité d'opinions ne doit pas leur donner de l'âpreté de cœur. La forme extérieure importe peu ; ce sont *les lois* qui sont *la vie intérieure*, la force vitale, *l'âme* du gouvernement. Ah! dans son cœur aussi qu'une vie immense se dilate... laquelle? son amour pour la nation! Oh! qu'il le montre dans ses paroles, dans ses sacrifices et ses actes. Et la vie intérieure d'une nation, qu'est-ce donc qui l'agrandit? C'est le développement du *libre arbitre*.

Ah! qu'elle se rende elle-même indépendante des haines, des passions énervantes, des injustices, de tout ce qui crie au dedans, et aussi des influences occultes; alors elle sera grande dans sa justice; pure de cœur, loyale, que sa vie resplendisse au grand jour!

Oh! les députés sont fiers de la représenter, et eux aussi veulent fortifier leur libre arbitre, avoir une âme loyale, juste, héroïque; ni leurs passions, ni les ambitions, ni l'équivoque, ne pourront détruire ce sentiment de justice qui vit en eux, ni leur dévouement pour la nation.

Que ce soit un roi, un président de la république ou un empereur qui soit à la tête de la nation, s'il est nommé par le peuple ou ses représentants, ils l'acceptent. Il n'y a que le despotisme que tous doivent haïr, parce qu'il est opposé à la raison humaine; il contredit Dieu, qui a donné à l'homme le libre arbitre; aussi l'esprit du mal, l'adversaire de Dieu, qu'est-ce donc qu'il saisit le plus rapidement dans l'homme? hélas! c'est le *libre arbitre!* c'est en enfer que demeure *le tueur* de tous les libres arbitres; de ce sombre esclavage viennent les ténèbres qui envahissent la pauvre humanité et aussi ses désolations. (J'ai développé ailleurs cette idée.)

Hier j'ouvrais le dictionnaire de **M.** Bouillet et je lisais une page sur le grand Frédéric, roi de Prusse, l'ami des arts et aussi le célèbre conquérant. Sous son règne, qui m'a émue, (Française, j'étais jalouse) la Prusse était florissante. Eh bien! sous son successeur Frédéric-Guillaume, qu'est devenue la nation prussienne? elle s'est abaissée; ce roi se livra au plaisir, sacrifia d'habiles ministres et de bons généraux aux caprices de ses maîtresses, et c'est ainsi qu'il fit perdre à la Prusse une partie de sa prépondérance; cet exemple est effrayant. Ceux

qui aiment le gouvernement d'*un seul*, un gouvernement non représentatif, doivent frémir, et n'avons-nous
pas eu Louis XIV et surtout Louis XV? Ah! que la fai-
blesse de ce dernier règne est bouleversante, quel spectacle pour un peuple! Je respecte le libre arbitre, c'est
l'homme qui par un effort sublime résiste à ses passions;
et pourtant... quand une nation nomme un roi ou si elle
l'accepte, ce n'est pas à une maîtresse mystérieusement
sceptrée à laquelle ce peuple veut obéir, et moins encore aux satellites femelles qui ont pour reine l'Équivoque; dans ces deux situations, les représentants du peuple
ont le droit, sans mot dire, par une décision unanime,
d'envoyer ces femmes-tyrans hors de France, puisqu'elles perdent la nation; cela ne vaudrait-il pas mieux
qu'une sanglante insurrection? Oh! un roi, qu'il doit être
austère! je puis dire cela tout haut, puisque nul roi ne
règne en France; et qu'un président loyal, honnête, à
l'âme religieuse, est le chef du gouvernement.

— Dans ce vaste local de l'école méditative, il y aura
une vaste salle où le soir les représentants pourront se
réunir; ils s'exerceront, s'ils le désirent, à discuter sur
des sujets de l'histoire ancienne; ils feront des discours;
mais sur les questions du jour ce seraient, il me semble,
de simples conversations, parce qu'il pourrait exister une
dualité ou une sorte d'antagonisme entre le Corps légis-
tatif en activité et les représentants méditatifs.

— On peut me faire cette objection : il y a des représentants qui n'aiment pas à écrire ni à faire de longs
discours, et pourtant ils soutiendraient les intérêts de
la nation en votant avec intelligence sur de graves questions; je le crois; eh bien! à l'école méditative ils écri-

raient d'abord de courtes réflexions, elles n'en seraient pas moins bonnes; pendant que la plume donne une forme à notre pensée, l'âme se dilate; on désire écrire... écrire encore; j'ai l'assurance que bientôt ils éprouveraient une sorte de jouissance à allonger les pages. Que l'idée fondamentale d'une méditation soit *juste* et *vraie*, toutes les idées secondes qui en dérivent le sont aussi. L'idée prend de l'ampleur et de la force sous la puissance de la méditation; et c'est ainsi que les opinions et les caractères s'accentuent et s'agrandissent; à mesure que l'on médite fréquemment les mêmes idées, elles deviennent la base inébranlable de nos actes; oh! les impressions alors vainement se présentent pour être mobiles de nos actes, elles glissent, disparaissent fugitives devant la puissance des *idées justes* et *vraies* que l'on a tant de fois (à plusieurs intervalles) méditées et qui sont devenues en nous *inébranlables*. Et quelle force surajoutée elles possèdent, si l'amour de Dieu, cette puissance éternelle, est leur auxiliaire! mais je n'ai pas besoin d'écrire ce nom sublime : Dieu! l'âme méditative *ne peut pas s'isoler* de son Créateur, alors même que l'incrédulité pendant de longues années aurait en elle fixé sa demeure.

Combien j'aime ces études profondes quand l'homme est isolé de tous professeurs, ayant pour maîtres (*teachers*) des ouvrages sérieux... et Dieu !

Tous les samedis, quelques heures seraient consacrées à visiter les ouvriers et les déshérités de la fortune, et voir aussi quelques personnes riches; le représentant doit connaître toutes les classes qui forment la nation, pour sonder son cœur, ses besoins, ses souffrances. Les déshérités de la fortune ont souvent l'âme expansive, mais ils ne disent *pas tout*; le député compatira à leurs souffrances et cherchera à rendre ces âmes plus communicatives. Il recevra du peuple souffrant une lumière, et lui aussi l'éclairera à son tour en l'initiant aux améliorations auxquelles il pense pour rendre la nation plus grande et plus heureuse. Oh! que cette mission est touchante : s'exercer à lire dans le cœur d'une nation avant de la gouverner; apaiser les exaspérations d'un peuple qui souffre; calmer les haines, aimer le peuple et s'en faire aimer. Sans gêner le dévouement des sœurs-apôtres de Saint-Vincent de Paul, le gouvernement peut confier une somme aux députés de l'école méditative pour qu'ils la distribuent aux classes souffrantes; ils noteraient exactement la demeure, le nom de ceux qu'ils ont secourus et la somme qu'ils ont remise. Oh! cette demi-heure passée auprès de la nation souffrante, elle m'émeut! le député l'initierait peu à peu à cette science si ignorée du grand nombre : la politique d'une nation. Non, jamais un gouvernement ne doit considérer comme ennemi un seul Français, les criminels, les égarés; il faut... il faut les éclairer, les sauver, aucun ne doit périr! abolition de la peine de mort.

Les représentants pères de famille, pour se multiplier auprès des déshérités de la fortune, enverront leur fils près d'eux; ils leur diront de bonnes paroles, ou bien ils pourraient leur lire quelques pages méditées sérieusement, qui prouvent l'intérêt qu'on leur porte et l'affection brûlante du député méditatif pour la nation.

Le représentant du peuple serait obligé, si sa santé le lui permettait, d'aller veiller un pauvre malade une fois par mois. Oh! son abnégation doit être sans bornes! il doit prouver à la nation qu'il l'aime, et lui faire espérer que le gouvernement fera son possible pour que le libre arbitre soit respecté, et qu'il cherchera à améliorer sa situation. Oh! si ce représentant avait la croyance en l'immortalité de l'âme et s'il pouvait la faire volontairement accueillir aux affligés! Qu'elles sont splendides, ces espérances éternelles, avec elles on marche avec courage au milieu des épreuves de la vie!

Les députés en activité devraient s'imposer, par un vote unanime, la mission d'aller tous lire dans le cœur de la nation souffrante; oh! ce livre..... je l'aime..... je l'aime!

Quelle vie toute de dévouement que celle de ces députés; ils auraient seulement le dimanche, leurs soirées pour jouir de la vie de famille; mais les non-mariés, dans leur zèle pour la nation, dès les sept heures du soir, retourneraient à leur cabinet d'étude, et ne le quitteraient que pour prendre le repos si nécessaire aux travailleurs.

Il est à désirer que tous fassent à l'école leur premier déjeuner. Les célibataires feraient en commun leur repas; sur leur table on ne verra pas une grande variété de mets. Oh! ils souffriraient d'avoir une nourriture plus succulente que l'honnête ouvrier ou le soldat! un vin non excitant, mais fortifiant, leur sera présenté; le café à l'eau, le chocolat sont salutaires aux hommes studieux; la tempérance est tout à fait nécessaire à la santé, et il faut que l'âme conserve toute sa suprématie sur le corps.

Un traitement serait accordé à chaque représentant dans l'école méditative : ils doivent être payés ceux qui vouent leur existence au travail, aux méditations prolongées sur tout ce qui concerne la nation. Mais tous doivent être exacts à leur poste et ne pas perdre une minute de leur temps; c'est pourquoi leurs travaux seront remis par le président de l'école méditative au ministre de l'intérieur. Ils seront examinés par plusieurs commissions et rendus tous les quinze jours aux auteurs, qui sont obligés de les signer. Quant aux députés *en activité*, on pourrait supprimer leur traitement, ou les payer peu.

Si l'un des membres ne produisait aucun travail consciencieux, il recevrait un avertissement du ministre de l'intérieur; si après trois avertissements faits de mois en mois, il n'y avait ni plus d'exactitude ni progrès (le ministre ne serait pas seul juge, car l'on pourrait croire qu'il n'est pas impartial et plus sévère peut-être pour les députés aux opinions libérales), il enverrait donc les travaux de l'accusé et les plaintes portées contre lui au Corps législatif qui, après en avoir pris connaissance, le ferait venir dans une réunion (non publique;) après avoir entendu sa défense, s'il était jugé incapable d'être le représentant de la nation, on le renverrait de l'école. S'il commettait des actes indignes d'un citoyen, les représentants *en activité* procéderaient aussi à son expulsion. Oh! de tels faits seraient rares! il faudrait pour ces expulsions de graves motifs. L'accusé choisirait pour défenseur l'un des députés de l'école méditative. Les travaux qui indiqueraient une activité persévérante seraient lus sans observations faites à l'auteur, à moins qu'ils ne fussent hors ligne; s'ils étaient d'une utilité immédiate, on ne pourrait pas s'en emparer sans l'autorisation de l'auteur; parfois le ministre demanderait l'admission du représentant méditatif dans une séance pour qu'il développât son idée politique ou son projet de loi.

Quelques mois après les élections, les commissions spéciales, d'après les travaux des représentants méditatifs, jugeraient leurs diverses aptitudes, et l'on procéderait, selon leur désir, à les diviser par section, et chacun se livrerait à certaines heures à l'étude spéciale qui serait son attraction dominante.

Les congés seraient difficilement accordés : deux mois de vacances par an, c'est beaucoup ! Quelques semaines seraient employées à voyager dans le département que le député représente ; ce représentant zélé irait dans les villes et les campagnes, il parlerait aux ouvriers et aussi aux agriculteurs ; s'il était général, il se mettrait en rapport avec les soldats de l'armée, exciterait en eux l'amour de la patrie, leur ferait part de ses travaux sur la stratégie ; on devrait méditer sur les moyens de remporter la victoire par des ruses de guerre afin d'épargner le sang des soldats et faire beaucoup de prisonniers.

Quelle serait l'administration de cette école? (without teachers) je suis dans le monde *des idées* et non *des faits*. Oh! je ne saurais bien l'organiser!

La mission du président serait : 1° à sept heures précises de faire l'appel nominal, de noter les absents ; 2° à onze heures de vérifier les travaux faits dans la matinée : cette vérification se ferait sans la moindre observation; 3° comme il y aurait des heures fixées pour certains travaux, le président ou ses subordonnés entreraient dans les cabinets d'étude pour avertir de l'heure de la méditation sur l'histoire ou l'heure de la lecture, etc.; 4° comme preuve que la lecture d'ouvrages sérieux a été faite, chaque représentant remettrait des notes chaque soir au président ou au vice-président sur ce qu'il a lu; ce ne serait que tous les huit jours que les travaux des représentants seraient portés chez le ministre de l'intérieur, qui les remettrait à la commission.

Il n'y aura que des domestiques mâles à l'école méditative; elle sera ouverte dès les six heures du matin pour les zélés travailleurs, et fermée à onze heures précises ; on n'est tenu d'y travailler que de sept heures du matin à six heures du soir ; il faudra nécessairement obéir au coup de cloche ou à l'avertissement qui vous avertit de quitter un travail commencé pour en reprendre un autre : cette exactitude est nécessaire pour ne pas employer à lire l'heure consacrée à la méditation.

Par pitié, que les représentants en non-activité se préoccupent peu entre eux des questions de forme extérieure du gouvernement, afin qu'il n'y ait pas de ligne de démarcation ; bien que dissidents sur des opinions graves, que la philanthropie les unisse, qu'ils s'aiment et s'estiment mutuellement, tout en soutenant chacun avec persistance son opinion. Quand il y a grave dissidence, ils pourraient se dire : Voyons, demain chacun méditera en silence, avec calme cette question sur laquelle nous sommes en désaccord ; et nous nous communiquerons nos réflexions écrites, au salon ou à l'heure de la promenade au jardin. De la méditation de plusieurs idées opposées peut sortir une lumière qui leur fait subir d'heureuses transformations. Oh ! la lumière s'accroît jusqu'à ce que l'opinion soit devenue inébranlable.

Ah ! si l'un des représentants méprisait l'un des frères-penseurs, le considérait comme son inférieur à lui, que ce serait regrettable ! Mais cela ne peut pas exister, car tous auront souvent pour méditation fréquente ce texte :

L'âme humaine est grande par son essence ; quelles que soient ses erreurs, *ne la méprisons jamais* ; elle peut devenir militante et tout à coup s'agrandir !

Ah ! à l'école méditative, les idées fausses s'atténuent... et peu à peu disparaissent ; tous reproduiront en eux un rayon de la justice et de la bonté de Dieu.

Si un représentant du peuple s'aperçoit qu'il a de la haine ou même un refroidissement d'affection pour un de ses frères-penseurs... oh! qu'il sera effrayé! Eh bien, qu'il demande au président, comme une grâce, de prolonger tous les matins sa méditation d'un quart d'heure; il l'obtiendra facilement. Alors le penseur deviendra athlète; seul avec lui-même, il combattra sa haine, et les désirs qui peut-être en dérivent, il s'efforcera de les dompter. Ah! sans demander le secours de Dieu, je doute qu'il triomphe et parvienne à adoucir son cœur. Il faut qu'il crie vers Dieu : Seigneur, Seigneur, je veux vaincre la haine, aidez-moi, apaisez ce qui s'agite en moi, et ranimez l'amour fraternel dans mon cœur. Ah! celui qui aime Dieu s'enveloppe dans son amour, et en Lui s'éteint la haine. Oh! ce combat *contre soi-même*, dans la solitude, est beau! et lorsque l'athlète-penseur rencontrerait son ennemi, non-seulement sa parole serait bienveillante, mais le *cœur* lui-même serait rempli d'amour fraternel.

Si l'un des représentants du peuple se sent peu disposé à combattre la haine, qu'il le fasse alors *pour la nation*, il le faut *absolument*. Quel danger si dans le sein même de l'Assemblée nationale il y avait deux camps ennemis, là, parmi ceux qui gouvernent le pays! Quelle serait alors la destinée de la France? et le choc peut se reproduire dans la rue!

Oui, tous méditeront souvent sur *le pardon des offenses* : c'est ainsi que se développe la faculté d'aimer.

Le jour où les représentants (au bout de trois ans d'études), viendront prendre place là, près des ministres, pour gouverner la nation, ce sera un jour de fête nationale. Les grands penseurs traverseront les rues avec leurs couronnes de laurier, ils seront escortés par une musique à l'âme tour à tour patriotique et méditative; grave et sereine sera la marche de nos députés; et le peuple, en les voyant passer, les saluera avec acclamation, en criant: Vive les lois françaises! vive nos représentants! ils ont bien mérité de la patrie par leurs travaux, leur dévouement à la nation; vive l'école méditative!

Huit jours avant leur sortie de l'école, on aurait procédé à de nouvelles élections, pour que l'école méditative ne soit jamais vide de penseurs et d'hommes d'étude.

Trois ans s'écoulent; alors les nouveaux élus remplacent les premiers; et ceux-là, que deviennent-ils? Messieurs, ils seront heureux, après leur vie d'agitation politique, de retourner à leurs travaux, à leur vie d'étude à l'école méditative; car plus on travaille, plus l'étude attire, et la méditation est la plus chère compagne de l'homme. Et savez-vous que le député de l'école méditative est pour ainsi dire fiancé à la nation! et jamais il ne donne sa démission; et c'est parmi ces penseurs de neuf années d'étude que l'on choisira les sénateurs, les ministres et les présidents de la république ou les rois!

Ah! les représentants qui rentreront dans l'école méditative après avoir vécu trois ans dans la vie politique active, qu'ils auront de nouveaux sujets d'étude et de méditation! par la souffrance, les déceptions ils auront lu dans le cœur de l'humanité; c'est ainsi que s'agrandit l'esprit d'observation; ils auront étudié aussi dans ce grand livre des événements; après avoir souffert des passions-adversaires qui dans les hommes contredisent leur amour pour la Justice, ils seront heureux de rentrer dans la méditation pour saisir plus amplement la vie politique d'une nation. Au bout de trois ans, la France les verra reparaître avec espoir et bonheur dans la vie active.

Oh ! que ce serait beau de voir la France gouvernée par un aréopage qui passerait toute une vie à s'occuper *exclusivement* de la nation !

Si quelques-uns se sont distingués dans leur vie politique ou dans leurs connaissances approfondies des questions qui intéressent la nation, un vote de l'Assemblée, à un moment donné, peut les faire revenir comme orateurs dans une séance publique.

Songez donc quelle force morale l'école méditative donnerait au gouvernement au moment d'une insurrection ! (je doute qu'elle éclate : le peuple aimerait tant ses représentants, si dévoués à la nation ; il aurait une si grande confiance en leur puissance à venir !) Enfin je suppose que les émeutiers triomphent, renvoient les ministres, le chef de l'État ; l'Assemblée se disperse..... Eh bien ! vous avez l'école méditative ! tous se réunissent..... c'est une assemblée de législateurs toute prête, pour constituer un gouvernement provisoire ; certes, ce n'est pas une *force usurpatrice*, elle a été nommée par le peuple, et les insurgés eux-mêmes seraient presque forcés de la reconnaître ; voyez... ce sont des hommes compétents, des hommes politiques profonds, et combien ils aiment le peuple ! ne l'ont-ils pas prouvé ?

L'Assemblée nationale représente la nation ; elle doit en être l'idéal. Ah ! quelle que soit la diversité de ses opinions... qu'elle montre à la nation *l'unité de cœurs*, cette union que l'on voudrait voir se reproduire dans le peuple entier, riches et pauvres. Oh ! je vous en supplie, pas de haines, nulles menaces d'exil, c'est là ma prière ; s'il y a des criminels, les tribunaux sont là pour les juger ; mais c'est humilier la nation française de croire qu'il y a un parti qui veut le pillage et l'assassinat ! en le calomniant ainsi, c'est rendre méchants peut-être ceux qui ne sont qu'égarés par l'absence de foi religieuse; les représentants de l'école méditative les apaiseront, ainsi que les efforts que nous ferons tous pour rendre la nation plus grande et plus heureuse.

L'école méditative, une fois créée, peut exister sous toutes les formes de gouvernement, quelles qu'elles soient. Les hommes de toutes les opinions doivent l'aimer. On peut me faire cette objection : Les représentants du peuple rejetteraient cette innovation ; ils ne veulent pas aller à cette école. J'ai l'assurance que si ce projet leur est présenté, ils l'approuveront ; s'ils ne le votaient pas à l'unanimité, ils agiraient *contre* leur propre opinion. Quoi ! il ne se trouverait pas en France six ou sept cents hommes dévoués à la nation qui aient la soif de *méditer profondément* sur toutes les questions qui concernent la prospérité de la France, des hommes qui lui consacreraient leurs travaux, leur vie tout entière? Mais des régiments entiers donnent leur vie corporelle pour défendre la patrie... des armées de législateurs doivent aussi protéger la nation avec leur âme, leurs travaux, toute leur vie intellectuelle! ils veulent étudier toutes les questions qui rendront la France puissante et heureuse.

On pourrait me faire encore cette objection : nos représentants n'ont pas besoin de *méditer*, n'ont-ils pas *l'expérience* des affaires politiques? et je réponds : Depuis que Pharamond a fondé le royaume de France, tous les gouvernements ont-ils été pour les peuples une lumière progressive? avez-vous découvert des lois *immuables* qui étonnent les autres nations et surpassent les leurs en splendeurs? La politique, cette science profonde qui tire sa vie à la fois du peuple et du gouvernement, a-t-elle fait des progrès? méditez-la donc, non pas pendant six mois, deux ans, mais pendant une *vie tout entière!*

Voici une base fondamentale : *plus de lois occultes.* Ah! si elles étaient prohibées! ce serait le réveil du libre arbitre, la splendeur de l'Église catholique, la puissance de l'action des lois civiles et la grandeur morale de la nation; et je vois poindre... oh! un rayon libre! l'aurore de la foi religieuse dans les cœurs!

Peut-être que chaque département pourrait être représenté par un moins grand nombre de députés. Il faudrait que le choix du peuple fût très-intelligent, qu'il envoyât à l'école méditative des hommes déjà savants, ayant l'attrait de l'étude... des penseurs. L'âge importe peu; l'âme réfléchissante du vieillard, habituée au travail, grandit, toujours... s'il a été athlète dans sa vie intérieure, cette énergie d'âme... non, il ne la perdra jamais, et les facultés intellectuelles se développent encore par la méditation : c'est que... elle nous fait monter au centre lumineux où l'âme a pris naissance.

Je voudrais *la dissolution de l'Assemblée,* tout en désirant que certains députés fussent au nombre des nouveaux élus. Il y a tant de dissidence parmi eux que, dans un élan d'amour pour la patrie, ils devraient voter à l'unanimité la dissolution.

On procéderait alors à de nouvelles élections. Je voudrais que le nombre des députés fût diminué.

La nation serait appelée à nommer pour trois ans des députés (non payés) pour la vie politique *active* et, peu de jours après auraient lieu les élections des représentants (payés à l'école méditative), qui seraient appelés à succéder aux députés *en activité* après trois ans d'études et de profondes méditations.

Une fois entré dans la vie politique, on n'en sort jamais ; l'âme qui aime la nation ne s'en isole pas ; nulle démission ne serait accordée, à moins que des souffrances prolongées ne forçassent l'homme d'étude à interrompre ses travaux. Quand on se dévoue à sa patrie, c'est pour toujours.

Hélas ! combien d'idées envolées ! où les retrouver ? oh ! je voudrais qu'elles tombassent dans le cœur de la nation !

Aurai-je un libraire pour activer la vente de ce petit ouvrage ? jusqu'à présent j'ai vainement cherché. Et l'*Étude sur Childe Harold,* dont je suis aussi l'auteur, ouvrage qui est sous presse (bien que je ne l'aie pas encore complétement achevé), comment le faire paraître, si nul libraire ne veut se charger de la vente des exemplaires ? Et pourtant, j'en ai l'espérance, quelques-unes des méditations que j'ai écrites entre chaque stance du grand poëte contiennent des pensées utiles à la nation. Que Dieu m'aide, au milieu de tant de difficultés qui se dressent autour de moi pour comprimer l'élan de mon patriotisme et ma voix d'apôtre.

FÉLICIE HOURY.

Paris, 24 novembre 1874.

LA PRESSE QUOTIDIENNE

PAR FÉLICIE HOURY

La presse, oh! que sa mission est belle! elle est lumière, elle éclaire à la fois et ceux qui gouvernent et la nation... Ah! Dieu me garde de désirer la suppression de la liberté de la presse; il faut qu'elle ait toute son indépendance! mais voyez le danger! voilà que nous allons avoir bientôt des représentants sortis de l'école méditative (comme je réalise vite mon rêve!), et les journalistes, mon Dieu! seront-ils inférieurs à nos députés-penseurs? Aujourd'hui, sont-ils tous profonds dans leurs convictions politiques? comprennent-ils bien leur mission sublime? Quelques-uns, mais pas tous; d'autres, à leur insu, peuvent rétrécir l'esprit français, au lieu de l'agrandir, et scinder le caractère national. Je voudrais donc que directeurs et gérants, rédacteurs de journaux petits et grands, quelles que soient leurs opinions, eussent aussi leur école méditative (éloignée de celle des représentants;) avant d'être la lumière des peuples et des rois, de parler le langage non flatteur... le langage libre de la Vérité, il faut qu'ils fassent leur surnumérariat, au moins d'un an (sans professeurs), à l'école de la méditation; en sortant de là, alors, *seulement alors*, ils auront le droit de faire paraître leurs journaux. Après avoir cherché la lumière dans les profondeurs d'une pensée méditative, ils viendront la déverser sur la nation. Oh!

je voudrais vivre encore, être témoin de cette régénération de la presse quotidienne ! voir des yeux de l'âme ces milliers de *feuilles-lumière* qui se répandraient sur la France-nation !

Comme la mauvaise presse quotidienne nuit à l'agrandissement moral de la nation, cette mesure serait urgente. Oh ! le journalisme serait bientôt transformé ! Les mauvais livres sont moins dangereux que de mauvais journaux : ils ne sont pas lus par tout le monde ; les bons ouvrages dominent les fausses idées contenues dans un livre dangereux ; ce qui est bon contient une force triomphante ; mais un journal est là, à la disposition de tous, l'âme de l'adolescent, de cette lecture peut souffrir.

L'école méditative ne gênerait nullement le libre arbitre, puisqu'il n'y a pas de professeur ; le journaliste ferait là son surnumérariat, comme s'il entrait dans une autre administration. Je ne saurais qu'imparfaitement tracer le programme de ces études : ce serait *l'étude de soi-même* une demi-heure chaque jour. Pour s'adresser au peuple, il faut le connaître ; eh bien, je le répète, si vous n'étudiez pas votre propre nature, votre cœur, *qui vit en vous*, comment connaîtrez-vous le cœur du peuple, qui est *en dehors* de vous, et qui a les mêmes passions à diriger, les mêmes défauts à combattre, des haines à détruire, des passions aussi accentuées que les vôtres, et des peines qui crient bien fort *au dedans*. Il y a en lui d'immenses souffrances. Oh ! étudiez-vous vous-mêmes, dominez en vous *ce que vous voudriez ôter du cœur du peuple*, n'avez-vous pas les mêmes tendances à combattre ? elle ne sont peut-être pas développées au même degré ; mais elles existent ; vous avez les mêmes souffrances à endurer, les mêmes aspirations.

Et le journaliste irait, comme le représentant, dans les mansardes, visiter les déshérités de la fortune une fois par semaine ; il écouterait leurs peines et chercherait à deviner celles qu'ils ne lui diraient pas ; et la voix quotidienne de la presse chercherait plus tard à les faire comprendre à ceux qui gouvernent, et s'efforcerait de les amoindrir.

En réfléchissant sur l'Histoire, et en méditant aussi sur *cet amour immense que nous devons avoir pour la nation,* sur les moyens à prendre pour améliorer la situation du peuple les journalistes acquerraient ce qu'ils n'ont pas tous ; des convictions politiques profondes, des opinions plus accentuées parce qu'elles seraient le résultat de méditations faites souvent sur les mêmes sujets, ce qui ancre les idées sérieuses dans une âme ; alors où trouver des journalistes mercenaires ? il n'y en aurait plus ! mais j'admets qu'ils soient rétribués pendant leur surnumérariat, alors que leur voix de journaliste est silencieuse.

Il serait à désirer que de l'école méditative des journalistes puissent sortir de graves historiens ; c'est à quelques-uns d'eux qu'est réservée la tâche sublime d'écrire l'Histoire contemporaine ; ce serait un de leurs travaux dominants pendant les dix-huit mois qu'ils passeraient dans l'isolement. Mais la *méditation quotidienne est de rigueur* et la lecture des journaux de tous les pays.

Pour que la France ne soit pas sans journaux, la moitié des journalistes de diverses opinions seulement entreraient à l'école méditative ; on tirerait au sort quels seraient les élus. Ceux qui se croiraient appelés à devenir historiens, et qui seraient jugés aptes à le devenir, auraient un surnumérariat de trois ans et des études plus étendues que les autres journalistes. Ce sont les hommes savants qui seront chargés des programmes, que je ne suis pas apte à tracer, ainsi que de l'organisation matérielle de ce projet d'école méditative.

Oh ! la presse-lumière ! la presse consolatrice des affligés ! la presse protectrice des opprimés ! la presse quotidienne méditative ! oh ! qu'elle serait aimée ! et les nations admireraient la France ; elles diraient : Voyez comme elle s'agrandit ! et le peuple, en voyant défiler tous les rédacteurs de journaux, qui au bout d'un an sortiraient de l'école méditative, s'écrierait : Vive le journalisme protecteur de la nation ! vive la lumière ! vive la presse qui va porter nos vœux, nos désirs vers ceux qui nous gouvernent ! vive la presse qui nous met au courant de la vie politique de la France ! Et sur l'étendard des journalistes serait écrit : *La presse-méditative, lumière libre des peuples et des rois !*

Oui, de la presse quotidienne et méditative pourraient sortir de profonds historiens et des hommes à convictions ardentes et profondes ; une lumière ascendante qui gravirait jusqu'au pouvoir, et cette même lumière descendrait tout au fond du cœur de la nation française pour l'agrandir !

Ma main tremble en achevant ces pages... serait-ce une utopie qui fera sourire, ou bien contiennent-elles quelques idées sérieuses, réalisables, utiles à la nation ?... c'est là mon vœu le plus ardent. Oh ! que je serais heureuse si mon projet était pris en considération, si mon idéal politique se réalisait un jour !

Paris, le 24 novembre 1874.

1586 — Paris, Imp. A. DUTEMPLE, rue des Canettes, 7.

www.ingramcontent.com/pod-product-compliance
Lightning Source LLC
Chambersburg PA
CBHW061132050726
47594CB00005B/2206